BEI GRIN MACHT SICH ... WISSEN BEZAHLT

- Wir veröffentlichen Ihre Hausarbeit,
  Bachelor- und Masterarbeit

- Ihr eigenes eBook und Buch -
  weltweit in allen wichtigen Shops

- Verdienen Sie an jedem Verkauf

Jetzt bei www.GRIN.com hochladen und kostenlos publizieren

I0014342

Bernhard Höfler

Preserving Digital Media - Hardware

Digitale Langzeitspeicher

GRIN Verlag

Bibliografische Information der Deutschen Nationalbibliothek:

Die Deutsche Bibliothek verzeichnet diese Publikation in der Deutschen National-
bibliografie; detaillierte bibliografische Daten sind im Internet über http://dnb.d-
nb.de/ abrufbar.

Impressum:

Copyright © 2004 GRIN Verlag GmbH
Druck und Bindung: Books on Demand GmbH, Norderstedt Germany
ISBN: 978-3-638-88314-6

Dieses Buch bei GRIN:

http://www.grin.com/de/e-book/83877/preserving-digital-media-hardware

GRIN - Your knowledge has value

Der GRIN Verlag publiziert seit 1998 wissenschaftliche Arbeiten von Studenten, Hochschullehrern und anderen Akademikern als eBook und gedrucktes Buch. Die Verlagswebsite www.grin.com ist die ideale Plattform zur Veröffentlichung von Hausarbeiten, Abschlussarbeiten, wissenschaftlichen Aufsätzen, Dissertationen und Fachbüchern.

Besuchen Sie uns im Internet:

http://www.grin.com/

http://www.facebook.com/grincom

http://www.twitter.com/grin_com

Bakkalaureatsarbeit

im Rahmen der Lehrveranstaltung
Informationswissenschaft (Information Science)

Preserving Digital Media - Hardware
Digitale Langzeitspeicher

Institut für Informationswissenschaft
der Karl-Franzens Universität Graz
Bernhard Höfler
Graz, 7. Mai 2004

Inhaltsverzeichnis

Tabellenverzeichnis

I   Abbildungsverzeichnis

Abkürzungsverzeichnis

ASCII	American Standard Code for Information Interchange
CD-R	Compact Disc recordable
CD-ROM	Compact Disc Read Only Memory
CD-RW	Compact Disc Rewritable
DLT	Digital Linear Tape
DVD-R	Digital Versatile Disc recordable
DVD-ROM	Digital Versatile Disc Read Only Memory
DVD-RW	Digital Versatile Disc Rewritable
GB	Gigabyte
IDE	Integrated Disk Electronics
IT	Informationstechnologie
JPEG	Joint Photographics Experts Group
KB	Kilobyte
LTO	Linear Tape Open
MB	Megabyte
MD	MiniDisc
MO	magneto-optisch
MTBF	Mean Time Between Failures
NFR	Near-field recording
PDF	Portabel Document Format
SCSI	Small Computer System Interface
SDLT	Super Digital Linear Tape
TB	Terabyte
TIFF	Tagged Image File Format
WORM	Write Once Read Many
XML	Extensible Markup Language

1 Einleitung

"Digital documents last forever—or five years, whichever comes first."[1]

Diese ironische Bemerkung von Jeff Rothenberg, Senior Computer Scientist bei Rand Corp., beschreibt genau die Problemstellung, die in der vorliegenden Arbeit behandelt und aufgearbeitet wird.

Vor vielen tausend Jahren wurden Botschaften für die Nachwelt in Stein gemeißelt. Dann wurden z.b. Tontafeln oder Papyrus als beschreibbare Medien eingesetzt, bis schließlich das Papier als Speichermedium an erster Stelle war. Heute noch können alle diese Überlieferungen gesehen, gelesen und verstanden werden, sofern sie nicht durch externe Einflüsse beschädigt und somit unlesbar oder vernichtet wurden.

Das erste Problem entstand mit der industriellen Papierherstellung ab der Mitte des 19. Jahrhunderts, wo säurehältiges Papier produziert wurde, das sich im Laufe der Zeit zu zersetzen begann (der sogenannte Papierzerfall).[2] Doch dieses Problem des Papierzerfalls nimmt sich im Vergleich zu den Problemen der langfristigen Datenspeicherung und – erhaltung, mit denen die Gesellschaft heute konfrontiert ist, relativ bescheiden aus. Die vom Zerfall bedrohten Bücher können entsäuert werden, was ihre Lebensdauer erheblich verlängert.

Jedoch ist nur ein Bruchteil dessen, was heute an Daten produziert wird, in gedruckter Form vorhanden. Der Großteil der Daten wird ausschließlich digital produziert (d.h. die Daten sind ausschließlich elektronisch verfügbar) und niemand weiß, ob diese Daten in 50 Jahren noch gelesen werden können.

Es gibt in diesem Zusammenhang zwei große Problemkreise: Zum einen die Medien, auf denen die Daten gespeichert werden und zum anderen die Hard- und Softwarekonfiguration, in der die Daten produziert wurden. Wie lange ist die Lebensdauer der Speichermedien und können in beispielsweise 50 Jahren die Daten, falls das Speichermedium noch intakt ist, über-

---

[1] Rothenberg (1999), S. 2.
[2] Vgl. Universitätsbibliothek Marburg (2000), S. 12.

haupt noch gelesen werden? D.h. ist noch funktionierende Hardware vorhanden um die Daten auszulesen und können diese dann noch richtig interpretiert werden? Oder anders gefragt: Welche heute bekannten Speichermedien eignen sich zur langfristigen Datenspeicherung und welche Ansätze gibt es, um dem Problem der Rückgewinnung und Interpretation der gespeicherten Daten zu begegnen?

Diese Fragen sind für jeden, der Daten produziert (sei es als Privatperson, als Unternehmen oder als Behörde) interessant. Privatpersonen wollen beispielsweise ihre digitale Fotosammlung auch in vielen Jahrzehnten noch verwenden können. Unternehmen werden bestrebt sein, wichtige und sensible Daten möglichst lange verwenden bzw. darauf zurückgreifen zu können. Außerdem sind gesetzliche Aufbewahrungspflichten (z.B. aus haftungs- und versicherungstechnischen Gründen) vorgeschrieben, die natürlich auch bei elektronischen Daten eingehalten werden müssen. Im öffentlichen Sektor gibt es unzählige Bereiche, wo hochsensible Daten vorliegen (z.B. Gesundheits-, Finanz-, Umweltdaten), deren Erhaltung garantiert werden muss. Außerdem geht es um die Erhaltung unseres kulturellen Erbes: Was wäre, wenn Mozart all seine großartigen Werke nur auf elektronischem Wege veröffentlicht hätte?

In den folgenden Kapiteln wird versucht, auf diese Fragestellungen und Probleme bezogen auf die Hardware einzugehen und den geneigten Leser für dieses in der Öffentlichkeit bislang nicht sehr präsente Thema zu sensibilisieren.

Kapitel 2 gibt einige Definitionen und grundlegende Informationen über die digitale Langzeitspeicherung und schafft durch Beispiele ein Problembewusstsein in Bezug auf die Notwendigkeiten und die Schwierigkeiten in diesem Zusammenhang. In Kapitel 3, das den Hauptteil darstellt, werden die derzeit gängigen Speichermedien vorgestellt und auf ihre Eignung als Langzeitspeicher hin untersucht. Darüber hinaus gibt es in diesem Kapitel einen Bereich, wo Zukunftstechnologien und –entwicklungen gezeigt werden. Kapitel 4 beschäftigt sich mit dem Problem der in Zukunft wahrscheinlich obsoleten Hardware- und Software und zeigt einige Lösungsansätze.

Ein Resümee, das die wichtigsten Ergebnisse zusammenfasst, beschließt die Arbeit.

2 Digitale Langzeitspeicherung

Das folgende Kapitel soll eine grundlegende Einführung in die digitale Langzeitspeicherung geben und Grundbegriffe definieren.

2.1 Daten, Bit-Stream

Daten sind Informationen in computerlesbarer Form, wobei die Informationen in Zeichen übersetzt werden, welche selbst wieder nach einer bestimmten Regel erzeugt werden.[3] Eine andere, kürzere Definition besagt, dass Zeichen durch Syntaxregeln zu Daten werden.[4]

Abbildung 1: Bits in einem Bitstrom können alles Beliebige darstellen

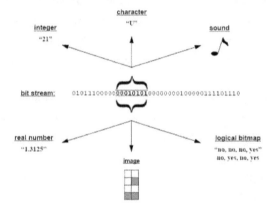

Quelle: http://www.amibusiness.com/dps/rothenberg-arma.pdf, Zugriff am 23. 04. 2004

Das, was dann schlussendlich auf dem Speichermedium gespeichert wird, sind die sogenannten Bitströme (engl. bit-streams), eine Folge von Nullen und Einsen. Hierin besteht der große Unterschied zwischen digitalen und analogen Dokumenten. Ein analoges Dokument (z.B. ein Buch) kann ohne irgendein Abspielsystem gelesen werden. Digitale Dokumente sind für den Menschen ohne ein solches Abspielsystem nicht zugänglich. Erst mit dem geeigneten Abspielsystem, der Kombination aus Hardware und Software, entstehen

---

[3] Vgl. Borges/Schumacher (2001), S. 283.
[4] Vgl. Probst/Raub/Romhardt (1999), S. 36.

aus den Zeichenfolgen aus Nullen und Einsen wieder Texte, Graphiken, Töne und Bilder. Dieses geeignete Abspielsystem ist meist zumindest das Programm, der Editor, mit dem das jeweilige Dokument ursprünglich erstellt wurde bzw. eine ähnliche Version davon. Das Problem ist, dass Bits eines Bitstroms für vieles stehen können (siehe Abb. 1). Erst das zugehörige Programm decodiert den Bitstrom so, dass die Originalinformationen wieder entstehen und somit für den Benutzer einen Sinn ergeben.[5]

2.2 Datensicherung

Datensicherung ist die Gesamtheit aller organisatorischen sowie technischen Maßnahmen, um Daten gegen Verlust, Fälschung und unberechtigten Zugriff zu schützen.[6] Im Allgemeinen kann als Ziel der Datensicherung die Datensicherheit verstanden werden. Datensicherung ist speziell für Unternehmen unabdingbar, da Daten und somit Information und Wissen für sie einen immensen Wert – materiell wie auch ideell – darstellen.[7]

2.3 Digitale Langzeitsicherung

Hiermit ist das gemeint, was herkömmlich unter „Bewahren" verstanden wird.[8]

In zunehmendem Maße werden kulturelle, wissenschaftliche, öffentliche sowie verwaltungs-technische Ressourcen heute in digitaler Form produziert, vertrieben und es wird digital darauf zugegriffen. Die weltweite Datenproduktion beläuft sich mittlerweile auf mehr als 1,5 Mrd. GB jährlich; umgerechnet ergibt das ca. 250 MB Datenvolumen pro Erdenbürger. Dazu kommt, dass 93 % der neu erstellten Informationen bereits digital erstellt werden („born digital") und dass der Großteil der heute verfügbaren Informationsprodukte und –services vor fünf Jahren noch nicht existierte.[9]

Auch werden in zunehmendem Maße hochsensible Daten ausschließlich in elektronischer Form erstellt, bearbeitet und gespeichert. Es ist dabei an z.B. genetische Langzeitstudien, Überwachung von globalen Umweltveränderungen, Informationen über nukleare Endlager,

---

[5] Vgl. Borghoff/Rödig/Scheffczyk/Schmitz (2003), S. 5.
[6] Vgl. Pommerening (1991), S. 10.
[7] Vgl. Mücke (1991), S. 218 f.
[8] Vgl. Universitätsbibliothek Marburg (2000), S. 11.
[9] Vgl. Smith (2003), S. 4 f.

Kriminalstatistiken und –daten, etc. zu denken. Solch wichtige Daten sollten auf eine Art und Weise erhalten werden, dass sie Jahrhunderte überdauern können.[10]

Prof. Dr. Hartmut Weber, Präsident des deutschen Bundesarchivs, meint, dass in Zukunft die meisten Daten auch in Archiven in elektronischer Form gespeichert werden. Er nimmt nur wichtige Dokumente aus, die als Sicherung auch in ausgedruckter Form verfügbar sein sollen. Die Vorteile eines traditionellen Archivs (Haltbarkeit, Identität und Integrität) sollen mit denen eines elektronischen Archivs (Zugänglichkeit, Bedienungskomfort) kombiniert werden.[11]

Das alles zeigt, dass der digitalen Langzeitspeicherung in Zukunft eine viel höhere Bedeutung beigemessen werden muss, um auch folgenden Generationen noch Zugang zu heute aktuellen Daten zu ermöglichen.

Digitale Langzeiterhaltung beinhaltet grundsätzlich folgende Maßnahmen bzw. Aufgaben:

- Erhaltung des digitalen Speichermediums (Lagerung in der richtigen Umgebung),
- Kopieren der Daten auf neue Datenträger, um sicherzustellen, dass die Informationen auch in Zukunft noch gelesen werden können und
- Erhaltung der Datenintegrität während des Kopiervorganges[12]

Die aufgezählten Maßnahmen bzw. Aufgaben sind jedoch nur ein Lösungsansatz. Im Allgemeinen ist ein Großteil der Fragen in Bezug auf die zuverlässige Archivierung der digitalen Ressourcen weitgehend unbeantwortet. Dies gilt für die Erhaltung der Speichermedien, den zukünftigen Zugriff auf die Daten und auch auf die Nutzbarkeit der Informationen in der Zukunft.[13]

Es entstehen bei der langfristigen Datensicherung in der Praxis Probleme, die in drei verschiedene Zeitspannen eingeteilt werden können, wobei sich die vorliegende Arbeit vor allem mit den langfristigen Problemen und Anforderungen beschäftigt.

---

[10] Vgl. ebenda S. 6.
[11] Vgl. DigiCULT (2002), S. 9.
[12] Vgl. Hendley (1998), S. 6.
[13] Vgl. Dobratz/Tappenbeck (2002), S. 257.

2.3.1 Kurzfristige Probleme

Auf kurze Sicht gesehen, ist es speziell für Unternehmen oft notwendig, digitales Material schnell zu sichern, welches in permanenter Gefahr ist, unleserlich oder unzugänglich zu werden. Auch müssen Daten gerettet werden, bei denen bereits der Zugang mit Problemen verbunden ist. Die angewandten Maßnahmen sind meist nicht so ausgelegt, dass sie die Daten für eine lange Zeit sicher bewahren; auch die benutzten Techniken sind oft nicht adäquat, um in der Zukunft vor ähnlichen Problemen geschützt zu sein.[14]

2.3.2 Mittelfristige Probleme

Mittelfristig gesehen, sollten Unternehmen und Organisationen danach trachten, Taktiken und technische Vorgänge zu implementieren, um Datenverlust in der nahen Zukunft vorzubeugen. Die Herausforderung ist, Daten, die gerade erstellt werden, vor kurzem erstellt wurden oder in naher Zukunft erstellt werden, so zu sichern bzw. zu speichern, dass sie vor drohendem Verlust geschützt sind, da derzeit aktuelle Medien, Formate und Software dann veraltet sein werden. Alles sollte so ausgerichtet sein, dass Daten zuverlässig abgelegt sind, damit Umstände, wie sie im vorangegangenen Punkt 2.2.1 beschrieben wurden, nicht eintreffen.[15]

2.3.3 Langfristige Probleme

Auf lange Sicht gesehen, sollten Strategien und Lösungen gefunden werden, die eine stabile, zuverlässige Datensicherung gewährleisten. Der laufende Aufwand sollte so gering als nur irgendwie möglich gehalten werden, auch wenn sich im Zeitablauf ein Paradigmenwechsel z.B. auf Seiten der Hardware (Speichermedien) oder im Bereich der Formate bzw. der Software vollzieht. Solch eine Lösung sollte ausbaufähig sein und mit bisher unbekannten Formaten und dergleichen keine Probleme haben, da zum heutigen Zeitpunkt natürlich nicht vorhergesagt werden kann, welche Änderungen die Zukunft bringen wird.[16]

Das Problem ist also, dass es nicht ausreicht, die Daten langfristig speichern zu können, sondern dass sichergestellt sein muss, dass die Daten gelesen und verarbeitet werden können. Es muss daher neben dem intakten Speichermedium auch ein funktionierendes Lesegerät sowie die zugehörige Software vorhanden sein. Welche Schwierigkeiten damit in der Zukunft auf-

---

[14] Vgl. Rothenberg (1999), S. 5 f.
[15] Vgl. ebenda, S. 6.
[16] Vgl. Rothenberg (1999), S. 6.

treten werden, können wir bereits jetzt erleben. Es ist heute fast unmöglich, ein Lesegerät für Lochkarten zu finden, welches darüber hinaus noch mit den heutigen PCs kompatibel sein sollte. Wenn folglich die Daten von den Lochkarten nicht früh genug auf neuere Medien wie Disketten und später dann CDs überspielt wurden, sind die Daten mit großer Wahrscheinlichkeit für immer verloren.[17]

Diese Datenverluste sind auch heute schon gegeben: Es sind bereits 10 bis 20 Prozent der Weltraum-Daten, die die NASA in den 60er Jahren mit den Viking-Sonden erhoben hatte, unlesbar geworden. Ebenso hat jeder User schon die Erfahrung gemacht, dass z.b. CD-ROMs plötzlich nicht mehr lesbar sind oder dass es bereits heute ausgesprochen schwierig ist, ein Diskettenlaufwerk für eine alte 5 1/4 –Zoll Diskette aufzutreiben, welche Ende der 80er noch geläufig waren.[18]

Die Schwierigkeiten bei der langfristigen Datensicherung und –erhaltung haben mehrere Ursachen:

- Die Speichermedien (magnetische, optische und andere Datenträger) sind selbst der Alterung unterworfen
- Software sowie Datenformate, die bei der Erstellung der Daten verwendet wurden, werden nicht mehr benutzt
- Die Hardware, die verwendet wurde, ist entweder beschädigt oder einfach nicht mehr vorhanden; d.h. es gibt hardwaretechnisch keine Möglichkeit mehr, die Daten zu lesen[19]

Im folgenden Kapitel 3 werden derzeit vorhandene Speichermedien gezeigt und beschrieben sowie ihre Eignung als langfristige Datenspeicher hinterfragt. Im Unterpunkt 3.5 sollen Zukunftstechnologien und –entwicklungen im Bereich der Massenspeichermedien vorgestellt werden.

---

[17] Vgl. Hendley (1998), S. 6.
[18] Vgl. Landwehr (2001), S. 21.
[19] Vgl. ebenda, S. 2.

3 Speichermedien und ihre Eignung als Langzeitspeicher

Wie bereits in Kapitel 2.3.3 (Langfristige Probleme) kurz angesprochen, ist ein Hauptproblem bei der digitalen Langzeitsicherung die Alterung der Speichermedien. Es gibt derzeit kein digitales Speichermedium, welches ewig haltbar ist. Bei allen derzeit bekannten Speichermedien besteht durch physikalische Verfallsprozesse die Gefahr eines Datenverlustes im Zeitablauf.

Wann dieser Datenverlust eintritt, ist sehr schwer zu sagen. Die Lebensdauer der verwendeten Speichermedien ist nur rudimentär bekannt. Durch Simulation der physikalischen Rahmenbedingungen wie Temperatur, Feuchtigkeit, Licht und mechanische Beanspruchung können zumindest mehr oder weniger zuverlässige Schätzungen vorgenommen werden.[20]

Darüberhinaus ist die Lebensdauer von Speichermedien sehr stark von der Qualität des jeweiligen Mediums abhängig. Die Qualität und die Lagerbedingungen sind demnach die zwei großen Einflussfaktoren.[21]

3.1 Magnetische Datenträger

Bei allen Arten von magnetischen Datenträgern wird der Magnetismus benutzt. Hierbei wird eine dünne magnetische Schicht, die auf unterschiedlichsten flexiblen oder harten Basismaterialien aufgebracht sein kann, von einem Schreibkopf magnetisiert. Die Richtung des Magnetisierungszustandes der Bitpositionen repräsentiert die gespeicherte Information. Auf der einen Seite sind magnetische Speichermedien kostengünstig und die Technik ist sehr ausgereift. Andererseits führen bereits geringe äußere Einflüsse sowie die Entmagnetisierung im Zeitablauf zu Datenverlusten.[22]

Im Folgenden werden die wichtigsten Massendatenträger,

- Disketten,
- Magnetplatten und
- Magnetbänder

---

[20] Vgl. Landwehr (2001), S. 22.
[21] Vgl. Manes, http://www.nytimes.com/library/cyber/compcol/040798archive.html, Zugriff am 23. 04. 2004.

vorgestellt und auf ihre Eignung als Langzeitspeicher untersucht.

3.1.1 Disketten

„Disketten (engl.: diskette; floppy disk) sind Wechseldatenträger und bestehen aus flexiblen, runden Kunststoffplatten, die auf beiden Seiten mit einer magnetisierbaren Schicht bedeckt sind. Die Information wird beidseitig durch Magnetisierung in konzentrischen Kreisspuren mit Hilfe je eines Schreib-/Lesekopfes aufgezeichnet. Zum Schutz ist der eigentliche Datenträger in einem festen Gehäuse eingeschlossen. Beim Lesen und Schreiben rotiert die Diskette in diesem Behältnis in einem Luftpolster."[23]

Abbildung 2: Disketten (8-Zoll, 5,25-Zoll, 3,5-Zoll)

Quelle: http://www.speicherguide.de/magazin/special0603.asp?theID=57, Zugriff am 26.03.2004

Die erste Diskette verließ 1969 das Werk von Imation. Es war dies eine 8-Zoll-Diskette (Kantenlänge 20 cm) mit einem Speichervolumen von knapp 300 KB (später bis zu 1 MB). 1975 gab es die erste 5,25-Zoll-Diskette, die im Unterschied zur 8-Zoll-Diskette auch in Büros Einzug hielt. Die Speicherkapazität betrug maximal 1,2 MB. In den frühen 90ern wurde dann die heute noch gängige 3,5-Zoll-Diskette eingeführt, die eine maximale Kapazität von 1,44 MB aufweist. Viele Jahre lang waren Disketten die einzigen standardisierten, digitalen, universell einsetzbaren Speichermedien, die darüber hinaus auch im Preis relativ günstig waren.[24]

---

[22] Vgl. Hansen/Neumann (2001), S. 718 und Borges/Schumacher (2001), S. 100.
[23] Hansen/Neumann (2001), S. 739.
[24] Vgl. Fröhlich, http://www.speicherguide.de/magazin/special0603.asp?theID=57, Zugriff am 26.03.2004.

Für professionelle Langzeitsicherung kommt die Diskette aus zwei Gründen nicht in Frage, obwohl sie bei Lagerung unter den empfohlenen Umgebungsbedingungen (8-90 % Luftfeuchte und 4-53°C) eine maximale Lebensdauer von ca. 100 Jahren erreichen kann[25]:

- Kapazität: Die 1,44 MB maximale Kapazität sind für eine sinnvolle Langzeitsicherung von großen Datenvolumina, wie sie heute schnell entstehen, vollkommen unzureichend. So würden für die Sicherung der Daten, die auf einer CD-ROM Platz finden (700 MB) 487 3,5-Zoll-Disketten benötigt werden.
- Geschwindigkeit: Die Datenübertragungsrate beträgt nur 60 KB/sec.[26] D. h. für den Kopiervorgang von 1,44 MB werden optimal 24,58 Sekunden benötigt; für die Daten einer voll beschriebenen CD (700 MB) wären das 3 h und 19 min (reine Datenübertragungszeit, ohne die Zeit für das Wechseln der Disketten).

3.1.2 Magnetplatten

„Ein Magnetplattenspeicher (engl.: magnetic disk) ist ein Datenträger in Form einer oder mehrerer auf einer Achse übereinander montierten runden Platten. Sie bestehen aus einem Aluminium/Magnesium- oder Glassubstrat mit einer magnetisierbaren Beschichtung auf beiden Seiten, auf die Information durch Magnetisierung aufgezeichnet wird. Mehrere Platten, die auf einer Spindel übereinander montiert sind, werden Plattenstapel genannt."[27]

Magnetplatten sind heute die gebräuchlichsten und am meisten verbreiteten Massenspeicher. In jedem verkauften PC oder Notebook ist eine solche Festplatte eingebaut. Magnetplatten drehen sich mit sehr hoher Geschwindigkeit (Standard: 7.200 U/min.). Die Daten werden von kombinierten Schreib-/Leseköpfen in konzentrischen Spuren aufgezeichnet und gelesen. Mit diesen Köpfen, die auf einem Aktuator (siehe Abbildung 3) angebracht sind, ist es möglich, jeden beliebigen Punkt auf der Plattenoberfläche anzusteuern. Diese extrem schnelle und direkte Ansteuerung von Datenelementen – auch in großen Datenmengen – ist ein bedeutender Vorteil von Magnetplattenspeichern.[28]

---

[25] Vgl. speicherguide.de, http://www.speicherguide.de/magazin/special0603.asp?theID=58, Zugriff am 26. 03. 2004.
[26] Vgl. Flade, http://www.tu-chemnitz.de/informatik/RA/kompendium/vortr_2000/rotier/altzudiskette.html, Zugriff am 27. 04. 2004.
[27] Hansen/Neumann (2001), S. 747 f.
[28] Vgl. Hansen/Neumann (2001), S. 748 f.

Abbildung 3: IDE-Festplatte

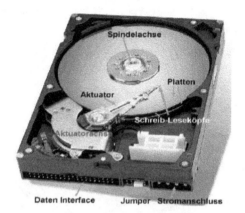

Quelle: http://www.dabti.de/festplatte.html, Zugriff am 27. 04. 2004

Ein weiterer Vorteil sind die großen Volumina von modernen Magnetplatten. Standard bei neu ausgelieferten PCs sind derzeit ca. 80 bis 120 GB. Hinzu kommt, dass der Preis pro GB stetig sinkt. Waren Ende 2002 pro GB noch ein bis drei Dollar je GB (abhängig von der Plattengröße) zu bezahlen, werden für Ende 2004 Preise zwischen 0,4 bis einem Dollar je GB erwartet.[29]

Was die Lebensdauer von Magnetplatten anbelangt, wird von MTBF (Mean Time Between Failures) gesprochen. Das deshalb, weil Magnetplatten nicht als langfristige Speichermedien zur Bewahrung von Daten, sondern als täglich benutzte Medien konzipiert sind. Bei IDE-Festplatten (Integrated Disk Electronics) ist der rein rechnerischen Wert 600.000 h (= 68,45 Jahre) MTBF (Mean Time Between Failures). Bei den teureren High-End-SCSI-Magnetplatten (Small Computer System Interface) werden sogar 1.200.000 h MTBF angegeben, was die Lebensdauer im Vergleich zu IDE-Festplatten verdoppeln würde.[30]

Dennoch sind Festplatten als digitale Langzeitspeicher nicht geeignet, da sie einerseits für den täglichen Gebrauch und nicht für eine dauerhafte Konservierung oder Bewahrung von Daten konzipiert sind, andererseits jederzeit die Gefahr eines totalen Datenverlustes droht.

---

[29] Vgl. National Media Laboratory, http://www.imation.com/assets/en_US_Assets/PDF/AP_NMLdoc_DST-Assessment.pdf, Zugriff am 12. 04. 2004.
[30] Vgl. dialog data, http://www.dialogdata.com/info/themen/technik/festplatten/, Zugriff am 27. 04. 2004.

Ein solcher totaler Datenverlust kann z.B. durch einen head-crash verursacht werden. Ein head-crash ist ein Zusammenstoß des Schreib-/Lesekopfes mit der Trägerplatte, auf der die Magnetbeschichtung aufgetragen ist. Wenn bedacht wird, dass der durchschnittliche Abstand zwischen dem Schreib-/Lesekopfes und der Trägerplatte nur 10-15 nm beträgt, ist die Gefahr eines solchen head-crashes jederzeit gegeben (z.b. durch Erschütterung).[31] Auch durch Störungen in der Stromversorgung oder einen Blitzschlag können alle Daten vernichtet werden.[32]

3.1.3 Magnetbänder

„Ein Magnetband (engl.: magnetic tape) ist ein dünnes Polyesterband, bei dem auf einer Seite eine magnetisierbare Schicht aufgetragen ist, auf der die Information durch Magnetisierung aufgezeichnet wird. Magnetbänder werden zur Datensicherung und Langzeitarchivierung von großen Informationsbeständen eingesetzt."[33]

Magnetbänder funktionieren wie Audiokassetten: Das Band wird von einer Spule auf eine zweite Spule überspielt und dabei an einer Schreib-/Leseeinrichtung vorbeigeführt, auf der Magnetköpfe angebracht sind. Bei Magnetbandgeräten kann zwischen zwei verschiedenen Aufzeichnungstechniken unterschieden werden:

- Längsspuraufzeichnung (lineare Aufzeichnung) und
- Schrägspurverfahren (helical scan).[34]

Es gibt viele verschiedene Technologien, um Datensicherungen auf Band durchzuführen. Sie unterscheiden sich durch die unterschiedliche Geschwindigkeit, Fehlerkorrektur und Lebensdauer der Bänder sowie der Laufwerke. Die meisten Technologien sind nicht miteinander kompatibel. Da im Bereich der Magnetbänder die Produktzyklen jedoch wesentlich länger als im übrigen IT-Bereich sind, sind Bandlaufwerke eine relativ langfristige und sichere Investition.[35]

---

[31] Vgl. Hansen/Neumann (2001), S. 750.
[32] Vgl. dialog data, http://www.dialogdata.com/info/themen/technik/festplatten/, Zugriff am 27. 04. 2004.
[33] Hansen/Neumann (2001), S. 721.
[34] Vgl. Adelberger (2004), S. 22.
[35] Vgl. Alternate, http://www4.alternate.de/html/faq/streamer.html, Zugriff am 18. 03. 2004.

Abbildung 4: Bandlaufwerk/Streamer LTO Ultrium

LTO Ultrium

Jörg Reimann, Geschäftsführer des in Wiesbaden ansässigen Medien- und Storage-Distributors „dexxon data media and storage", sieht als besten Kompromiss aus Datensicherheit, Komfort und Preis die Technologien DLT (Digital Linear Tape), SDLT (Super Digital Linear Tape)und LTO (Linear Tape Open).[36] Die folgende Tabelle gibt einen Überblick über die Speicherkapazitäten und Datentransferraten der empfohlenen Technologien:

Tabelle 1: Verschiedene Bandlaufwerke/Streamer im Vergleich

Bezeichnung	maximale Kapazität (komprimiert)	maximale Transferrate (komprimiert)
DLT1	80 GB	6 MB/sec.
SDLT 320	320 GB	32 MB/sec.
SDLT 2400 (noch in Entwicklung)	1,2 TB	200+ MB/sec.
LTO Ultrium 3	400 GB	160 MB/sec.
LTO Ultrium 4 (noch in Entwicklung)	800 GB	320 MB/sec.

---

[36] Vgl. ebenda.

Grundsätzlich sind Bandlaufwerke/Streamer ja für die mittel- und langfristige Datensicherung konzipiert. Die meisten vollautomatischen Sicherungssysteme in Unternehmen verwenden auch das Magnetband als Speichermedium, da die Technik durch die jahrzehntelange Forschung ausgereift ist (z.B. können Sicherungen vollautomatisch in der Nacht gemacht werden) und auch die Kosten pro GB im Vergleich zu anderen Speichermedien sehr gering sind.[37]

Doch wie geeignet sind Magnetbänder als Langzeitspeicher bzw. welche Lebensdauer haben Magnetbänder? Bei Magnetbändern gibt es eine rechnerische Lebensdauer, die für DLT/SDLT und LTO bei 30 Jahren liegt.[38] Es kommt jedoch erschwerend hinzu, dass Magnetbänder bei jedem Schreib- oder Lesevorgang mit dem Schreib-/Lesekopf in Berührung kommen und somit ein gewisser Verschleiß auftritt. Die Lebensdauer wird deshalb auch in Zyklen angegeben, denen das Band standhält. LTO hat eine tatsächliche Nutzungsdauer von ca. 21.000 Zyklen, SDLT ca. 18.000 Zyklen.[39]

Die 30 Jahre maximale Lebensdauer für Magnetbänder können natürlich nur unter optimalen Lagerbedingungen erreicht werden. Je stabiler das Umgebungsklima, desto besser ist es für den Erhalt der Daten. Für eine Langzeitlagerung sind eine Lagertemperatur von 4°C sowie eine Luftfeuchtigkeit von 20 % optimal.[40] Am besten ist eine Lagerung in einem feuer- und wasserfesten sowie magnetfeldfreien Tresor.[41]

Sollen Daten länger als 30 Jahre aufbewahrt werden, können die Datenbestände nur zeitgerecht auf ein neues Medium überspielt werden. Damit wird gleichzeitig auch das Problem umgangen, dass die Hardware veraltet.[42]

Magnetbänder sind also auch nur bedingt zur Langzeitsicherung geeignet. Für eine kurz- und mittelfristige Datensicherung sind sie allerdings gut geeignet und werden auch in großer Zahl eingesetzt.

---

[37] Vgl. ebenda.
[38] Vgl. Wagner, http://www.speicherguide.de/magazin/special0703.asp?theID=87, Zugriff am 26. 03. 2004, übereinstimmend van Bogart (1995), S. 15.
[39] Vgl. Wagner, http://www.speicherguide.de/magazin/special0703.asp?theID=87, Zugriff am 26. 03. 2004.
[40] Vgl. ebenda.
[41] Vgl. speicherguide.de, http://www.speicherguide.de/magazin/special0703.asp?theID=60, Zugriff am 26. 03. 2004.
[42] Vgl. Wagner, http://www.speicherguide.de/magazin/special0703.asp?theID=87, Zugriff am 26. 03. 2004.

3.2 Optische Datenträger

Optische Datenträger sind „solche, bei denen Licht oder mittels Laser erzeugte Wärmeenergie zum Schreiben und Lesen von Informationen auf optisch reaktivem Material verwendet wird."[43] Eine andere Definition lautet: „Optical disc technology is based on the use of laser light beams to store and retrieve information from a spinning disc."[44]

Optische Datenträger haben gegenüber den magnetischen Datenträgern den Vorteil, dass der Schreib- und Leseprozess berührungslos mittels Laser geschieht und somit durch oftmaligen Gebrauch zumindest dadurch keine Verschleißerscheinungen auftreten. Darüberhinaus sind sie gegen magnetische Felder unempfindlich.[45]

Bei den optischen Speicherplatten kann zwischen drei großen Gruppen unterschieden werden:
- Bespielte, unveränderliche optische Platten (CD-ROM, DVD-ROM)
- Einmal beschreibbare optische Platten (CD-R, Photo-CD, DVD-R)
- Wiederbeschreibbare optische Platten (CD-RW, DVD-RW, DVD+RW, DVD-RAM, Magneto-optische Platten)[46]

Das folgende Kapitel 3.2.1 widmet sich der CD-ROM und der DVD-ROM, gibt jedoch auch eine grundlegende Einführung im Bereich der CD- und DVD-Familien. Kapitel 3.2.2 sowie 3.2.3 behandeln dann nur noch die spezifischen Charakteristika der Medien.

3.2.1 CD-ROM, DVD-ROM

Die CD-ROM und die DVD-ROM sind optische Speicherplatten, die bereits mit Daten beschrieben an den Kunden ausgeliefert werden und für den Kunden unveränderbar sind (read only memory).

Die CD-ROM, die aus dem heutigen Leben nicht mehr wegzudenken ist, entstand aus der 1982 standardisierten Audio-CD, und wurde seither milliardenfach verkauft. CD-ROMs haben einen Durchmesser von 12 cm und eine Dicke von 1,2 mm, bestehen aus dem gleichen

---

[43] Hansen/Neumann (2001), S. 768.
[44] Oppenheim (1993), S. 1 f.
[45] Vgl. Borges/Schumacher (2001), S. 105, **übereinstimmend** vgl. Scheder (1995), S. 81.
[46] Vgl. Hansen/Neumann (2001), S. 771.

aluminiumbeschichteten, durchsichtigen Plastik (Polycarbonat) wie Audio-CDs und haben eine Speicherkapazität von 650-700 MB. Moderne Laufwerke erreichen eine bis zu 72fache konstante Drehgeschwindigkeit (verglichen mit einer Audio-CD) und eine maximale Datentransferrate von 10,8 MB/sec.[47]

Abbildung 5: CD-ROM

Quelle: http://www.seattlewireless.net/images/gear/cdrom.jpg, Zugriff am 30. 04. 2004

CD-ROMs tragen die Informationen in Form von kleinen Vertiefungen und Erhebungen (Pits und Lands), die ein Laserstrahl mit einer Wellenlänge von etwa 850 nm (nahe dem Infrarotbereich) abtastet und durch unterschiedliche Reflexionen des Lichtes die gespeicherten Bitströme lesen kann.[48]

Die DVD-ROM ist ebenfalls eine optische Speicherplatte mit einem Durchmesser von 12 cm und einer Dicke von 1,2 mm und ist eine Weiterentwicklung der CD-Familie. Die maximale Speicherkapazität beträgt 4,7 GB (einseitig bespielbare, einschichtige Disc). Die größten Unterschiede zur CD-ROM sind:

- Verkleinerung der Pits und Lands und der Abstände
- Wellenlänge des Lasers beträgt 635-650 nm
- Zweischichten-Technik
- Veränderung der Adressierungs- und Fehlerkorrekturmechanismen

Durch diese großen Unterschiede in technischen Grundlagen sind DVDs nicht abwärtskompatibel, d.h. ein CD-Laufwerk kann DVDs nicht lesen. Umgekehrt ist dies jedoch problemlos möglich.[49]

---

[47] Vgl. ebenda, S. 771 f.
[48] Vgl. Messmer/Dembowski (2003), S. 941.
[49] Vgl. Hansen/Neumann (2001), S. 774 ff., **übereinstimmend** vgl. Messmer/Dembowski (2003), S. 947 f.

Die Speicherkapazität kann sich durch Verdoppelung der Schichten und beidseitige Bespielung mit Daten auf maximal 17 GB erhöhen (einseitig bespielt, zweischichtig: 8,5 GB; beidseitig bespielt, einschichtig: 9,4 GB). Aktuell im Handel erhältliche DVD-Laufwerke erreichen eine maximale Datentransferrate von 21,1 MB/sec. (Durchschnitt: 15 MB/sec.) bei 16facher Geschwindigkeit.[50]

CD-ROMs und DVD-ROMs eignen sich nur bedingt als Langzeitspeichermedien für Datensicherungen, da der Benutzer selbst keine Daten auf diese Datenträger schreiben kann und somit nur Software udgl. bewahren kann.

Zur Lebensdauer dieser Speichermedien ist zu sagen, dass sie vor allem von folgenden Punkten abhängt:

- Produktionsqualität des Rohdatenträgers
- Qualität des Pressvorganges
- Behandlung und Pflege
- Lagerbedingungen[51]

Bei optischen ROM-Medien ist die Lebensdauer vor allem dadurch determiniert, dass sich die Reflektivität der Aluminiumbeschichtung verändert. Dies kann durch Oxidation oder Korrosion geschehen. Sauerstoff kann über Feuchtigkeit durch die Polycarbonatschicht oder die Lackschicht zur Aluminiumschicht gelangen, wenn die Außenschichten des Mediums verletzt werden. Schon Fingerabdrücke (Schweiß) können die Lebensdauer negativ beeinflussen wie z.B. auch aufgedruckte Farben, die im Laufe der Jahre die Aluminiumschicht chemisch angreifen und beschädigen.[52]

Verschiedene Quellen geben unterschiedlichste Lebenserwartungen für CD-ROMs und DVD-ROMs an. Die Angaben reichen von 5 bis 200 Jahren für CD-ROMs und ebenfalls 5 bis 200 Jahren für DVD-ROMs. Die Mindestlebenserwartung bezieht sich auf eine „normale" Nutzung des Mediums (häufige Verwendung, Lagerung bei normalen Bedingungen), die

---

[50] Vgl. ebenda.
[51] Vgl. Wagner, http://www.speicherguide.de/magazin/special0703.asp?theID=55, Zugriff am 26. 03. 2004, **übereinstimmend** vgl. Byers (2003), S. 12 ff.
[52] Vgl. ebenda.

Maximalwerte beziehen sich auf eine Nutzung des Mediums ausschließlich als Langzeitsiche-rungsdatenträger (keine tägliche Nutzung) unter optimalen Lagerbedingungen.[53]

Zum Thema optimale Lagerbedingungen wurden eine Vielzahl von Untersuchungen und Pub-likationen veröffentlicht. Die Kernaussage aller Studien besagt, dass CDs und DVDs eher kühl und trocken aufbewahrt werden und das Klima im Zeitablauf relativ konstant gehalten werden sollte.[54] Die folgende Tabelle zeigt einige Lagerbedingungsempfehlungen, die in den letzten Jahren von diversen Institutionen veröffentlicht wurden:

Tabelle 2: Empfohlene Lagerbedingungen für CDs und DVDs

Quelle	Temperatur	Maximale Temperatur-veränderung	Luftfeuchtigkeit	Maximale Luft-feuchtigkeitsver-änderung
ISO TC 171/SC Januar 2002	+5°C bis 20°C	4°C/h	30% bis 50%	10%/h
IT9.25 und ISO 18925 Februar 2002	-10°C bis 23°C		20% bis 50%	nicht größer als ±10%
NARA, FAQ über optische Medien, April 2001	20°C	+/- 0,6°C/d	40%	5%/d
Media Sciences, Inc. Jerome L. Hartke Juli 2001	10°C bis 15°C		20% bis 50%	

Quelle: Eigene Darstellung in Anlehnung an Byers (2003), S. 16

---

[53] Vgl. Wagner, http://www.speicherguide.de/magazin/special0703.asp?theID=55, Zugriff am 26. 03. 2004, vgl. Fröhlich/Wagner, http://www.speicherguide.de/magazin/special0603.asp, Zugriff am 10. 03. 2004, vgl. van Bogart (1995), S. 15, vgl. Rothenberg, http://www.amibusiness.com/dps/rothenberg-arma.pdf, Zugriff am 23. 04. 2004, vgl. IT Enquirer, http://www.it-enquirer.com/storage/optimedia.html, Zugriff am 23. 04. 2004, vgl. National Library of Australia, http://www.nla.gov.au/niac/ meetings/npo95rh.html, Zugriff am 08. 04. 2004, vgl. ARMA International, http://www.arma.org/membership/isg/ProductTech-nical/PreservationStrategiesforElectronicDocuments.pdf, Zugriff am 23. 04. 2004, Landwehr (2001), S. 24 und vgl. Aschenbrenner, http://www.ifs.tuwien.ac.at/~aola/publications/thesis-ando/Longevity_archi-val.html, Zugriff am 26. 04. 2004.

[54] Vgl. Byers (2003), S. 16.

3.2.2 CD-R, DVD-R

Eine Weiterentwicklung der CD-ROM und der DVD-ROM stellen für den Benutzer einmal beschreibbare optische Speicherplatten, die CD-R und die DVD-R dar. Sie gehören zur Gruppe der WORM-Medien (write once read many) und können, wie der Name schon sagt, einmal beschrieben und beliebig oft gelesen werden.

Bei diesen Medien ist im Unterschied zu den optischen ROM-Medien auf dem Polycarbonatträger anstelle der Aluminiumschicht eine fotoempfindliche Farbstoffschicht aufgebracht. In diese werden vom Schreiblaser (der um vieles stärker als der Leselaser ist) die Bitmuster eingebrannt.[55] CD-Rs können in einem Brennvorgang beschrieben werden (Singlesession) oder in mehreren Sitzungen (Multisession).[56]

Die DVD-R hat wie die DVD-ROM eine Kapazität von 4,7 GB. Derzeit sind noch einige unterschiedliche Formate bzw. Systeme auf dem Markt (DVD+R, DVD-R, DVD-RAM) und es ist noch nicht klar, welches sich dann langfristig auf dem Markt durchsetzen wird. Es zeichnet sich ein zäher Machtkampf der Hersteller um die Vorherrschaft auf diesem großen Zukunftsmarkt ab.[57]

Zur Eignung der optischen R-Medien als langfristige Datenspeicher ist zu sagen, dass die Lebenserwartung der CD-Rs grundsätzlich von den verwendeten Farbstoffen abhängt, da der Hauptgrund eines etwaigen Datenverlustes eine Veränderung in der organischen Farbschicht ist. Grüne CD-Rs haben eine Lebenserwartung von etwa zehn Jahren, hellblaue eine von ca. 20 bis 50 Jahren. Eine Neuentwicklung des Unternehmens Ricoh, die Farbstoffe Phtalcyanine, lassen eine Lebenserwartung von 200 Jahren, allerdings ohne Garantie, erhoffen.[58]

---

[55] Vgl. Hansen/Neumann (2001), S. 780.
[56] Vgl. Hansen/Neumann (2001), S. 780 **übereinstimmend** vgl. Scheder (1995), S. 58.
[57] Vgl. Messmer/Dembowski (2003), S. 950.
[58] Vgl. Wagner, http://www.speicherguide.de/magazin/special0603.asp?theID=55, Zugriff am 26. 03. 2004.

Grundsätzlich wird CD-Rs und ebenso DVD-Rs eine Lebensdauer von 70 bis maximal 200 Jahren zugesprochen.[59] KODAK stellte in einer Untersuchung fest, dass 95 % von korrekt beschriebenen KODAK CD-Rs mit einer 95%igen Wahrscheinlichkeit unter den empfohlenen Umgebungsbedingungen (Dunkelheit, 25°C und 40% relative Luftfeuchtigkeit) eine Lebensdauer von mehr als 217 Jahren haben.[60]

Optische R-Medien kommen also in etwa auf die gleiche Lebenserwartung wie die optischen ROM-Medien, jedoch sind sie weitaus empfindlicher gegenüber äußeren Einflüssen (z.B. Kratzer, Bakterien, Fingerabdrücke), da ihnen die schützende Lackschicht fehlt. Es sollte beim Umgang mit ihnen noch sorgfältiger umgegangen werden.[61] Für die empfohlenen Lagerbedingungen gilt das gleiche wie für CD-ROMs und DVD-ROMs (siehe Kapitel 3.2.1).

Die CD-R und die DVD-R sind zusammenfassend als langfristige Datenspeichermedien sehr gut geeignet. Die Medien weisen eine lange Lebensdauer auf, die Kapazität ist ausreichend (CD-R für private Anwender, DVD-R beispielsweise für Unternehmen) und auch die maximale Datentransferrate[62] von derzeit 3,6 MB/sec der CD- bzw. 11,08 MB/sec der DVD-Brenner ist hoch genug, um auch eine große Menge an Daten relativ schnell sichern zu können. Was noch für die CD-R und die DVD-R spricht, ist der Preis. Kombinierte CD- und DVD-Brenner sind derzeit schon ab ca. 70,-- Euro zu bekommen, CD-R-Rohlinge kosten ab ca. 30 Cent und DVD-R-Rohlinge ab ca. 70 Cent pro Stück.[63]

3.2.3 CD-RW, DVD-RW

Neben den einmal beschreibbaren optischen Speicherplatten gibt es auch die wiederbeschreibbaren optischen Platten CD-RW und DVD-RW, wobei das RW für Rewritable steht.

---

[59] Vgl. Fröhlich/Wagner, http://www.speicherguide.de/magazin/special0603.asp, Zugriff am 10. 03. 2004, **übereinstimmend** vgl. IT Enquirer, http://www.it-enquirer.com/storage/optimedia.html, Zugriff am 23. 04. 2004 und Byers (2003), S. 15.

[60] Vgl. Stinson/Ameli/Zaino, http://www.cd-info.com/CDIC/Technology/CD-R/Media/Kodak.html, Zugriff am 24. 04. 2004.

[61] Vgl. Messmer/Dembowski (2003), S. 944, **übereinstimmend** vgl. Wagner, http://www.speicherguide.de/-magazin/special0603.asp?theID=55, Zugriff am 26. 03. 2004 und vgl. IT Enquirer, http://www.it-enquirer-.com/storage/optimedia.html, Zugriff am 23. 04. 2004.

[62] Vgl. Pioneer, http://www.pioneer.de/de/product_detail.jsp?product_id=7108&taxonomy_id=364-394, Zugriff am 06. 05. 2004.

[63] Preiserhebung am 06. 05. 2004 auf http://www.geizhals.at.

CD-RWs wie auch DVD-RWs haben einen Durchmesser von 12 cm und werden in dualer Phasenwechseltechnik mittels eines CD- oder DVD-Brenners beschrieben. Moderne Brenner können CD-Rs, CD-RWs, DVD-Rs und auch DVD-RWs beschreiben.

Die CD-RW hat eine Kapazität von maximal 700 MB, die DVD-RW eine von 4,7 GB, beidseitig beschrieben (= DVD+RW) sogar 9,4 GB. CD-RWs und DVD-RWs können ungefähr 1000 Mal beschrieben werden.

Die empfohlenen Lagerbedingungen entsprechen denen der CD-ROMs, DVD-ROMs, CD-RWs und DVD-RWs. Wiederbeschreibbare optische Speicherplatten haben eine Lebensdauer von 25 bis 70 Jahren[64], welche sich jedoch mit der Anzahl der Lösch-Schreibvorgänge verringert.[65] Sollen optische RW-Medien zur langfristigen Datensicherung verwendet werden, ist es besser, Daten nicht zu oft zu löschen und wieder neu zu brennen.

CD-RWs und DVD-RWs sind demnach als Langzeitspeicher gut geeignet, wobei aber doch den CD-Rs und DVD-Rs der Vorzug gegeben werden sollte. Bei langfristigen Datensicherungen ist ein häufiges Löschen und Wiederbeschreiben ohnehin nicht nötig. Bei kurz- und mittelfristigen Datensicherungen sind die RW-Medien den R-Medien überlegen (Preis-, Platzaspekt).

3.3 Magneto-optische Datenträger

Eine Kombination aus magnetischen und optischen Speichermedien stellen die wiederbeschreibbaren magneto-optischen Datenträger dar. Beim Schreiben erzeugt der Schreibkopf ein magnetisches Feld; die Bereiche, die zusätzlich von einem Laserstrahl auf ca. 200°C erhitzt werden, ändern ihre Ausrichtung entsprechend dem Magnetfeld. Beim Lesen mittels Laser reflektieren diese Bereiche das Licht unterschiedlich (Kerr-Effekt) und führen zur Interpretation der reflektierten Strahlen als 0 oder 1.[66]

---

[64] Vgl. Fröhlich/Wagner, http://www.speicherguide.de/magazin/special0603.asp, Zugriff am 10. 03. 2004 und vgl. Byers (2003), S. 15.
[65] Vgl. Byers (2003), S. 15.
[66] Vgl. Hansen/Neumann (2001), S. 791.

Die bekannteste magneto-optische (MO) Platte ist die MiniDisc (MD) mit einer Größe von 2,5 Zoll und 1,2 mm Höhe sowie einer Kapazität von 340 MB. Es gibt jedoch MO-Platten in Größen von 2,5 bis 5,25 Zoll mit Speicherkapazitäten von 240 MB bis zu 9,1 GB.[67]

Abbildung 6: MiniDisc

Quelle: http://members.cruzio.com/~stever/TapeTrade.html

Im Allgemeinen sind die Vorteile der MO-Platten die im Vergleich zu CDs oder DVDs geringeren Zugriffszeiten und die viel häufigere Wiederbeschreibbarkeit im Vergleich zu CD-RWs und DVD-RWs (über eine Million Mal).[68] In der Praxis erwiesen sich MO-Platten als die widerstandsfähigsten Datenträger, da, um die Daten auf der Platte zu beschädigen, gleichzeitig eine sehr hohe Temperatur und ein starkes Magnetfeld vorhanden sein müssen.[69]

Als Lebenserwartung werden für MO-Platten fünf bis über 100 Jahre angegeben.[70] MO-Platten wären demnach als Langzeitspeicher sehr gut geeignet, jedoch hat sich diese Technik der Datenspeicherung bis heute nicht richtig durchgesetzt. Auch in der Literatur gibt es relativ wenig Informationen über die Lebensdauer von oder die optimalen Lagerbedingungen für MO-Platten. Ein Nachteil für große Datensicherungsprojekte ist, dass es derzeit nur Medien bis maximal 9,1 GB Speicherkapazität gibt (vgl. dazu DVD-Rs oder DVD-RWs). Vielleicht erlebt die Technik der MO-Datenträger in den kommenden Jahren einen Aufschwung; bis heute ist er jedoch nicht abzusehen.

---

[67] Vgl. Hansen/Neumann (2001), S. 791, **übereinstimmend** vgl. Messmer/Dembowski (2003), S. 947.
[68] Vgl. Hansen/Neumann (2001), S. 791.
[69] Vgl. Messmer/Dembowski (2003), S. 947.
[70] Vgl. Hansen/Neumann (2001), S. 791, **übereinstimmend** vgl. Messmer/Dembowski (2003), S. 947 und Fröhlich/Wagner, http://www.speicherguide.de/magazin/special0603.asp, Zugriff am 10.03.2004.

3.4 Zukunftsentwicklungen, -technologien

In diesem Kapitel sollen Entwicklungen und Technologien kurz vorgestellt werden, die in Zukunft vielleicht die heute bekannten Massenspeichermedien verdrängen werden. Einige Entwicklungen sind schon nahe an der Marktreife, andere wiederum sind bis jetzt nur in der Theorie vorhanden.

3.4.1 Blue-ray-disc, NFR

Unter dem Entwicklungsnamen Blue-ray-disc forschen Sony, Philips und Pioneer an einer Weiterentwicklung der DVD. Die heutige DVD-Technologie arbeitet mit einer Wellenlänge des Lasers im Bereich von 635 bis 650 nm (im Vergleich dazu hat der Laser in einem CD-Laufwerk eine Wellenlänge von 850 nm). Die Forschungen laufen nun in Richtung einer weiteren Verringerung der Wellenlänge des eingesetzten Lasers, um kleinere Pits schreiben zu können.

Bereits im Februar 2002 stellten neun Unternehmen, die gemeinsam Entwicklungsarbeit im genannten Bereich leisteten, einen Prototyp einer Blue-ray-disc vor. Diese hat dieselben Dimensionen wie die heute bekannten CDs und DVDs (12 cm Durchmesser und 1,2 mm Dicke) und arbeitet mit einem blau/violetten Laser mit einer Wellenlänge von 405 nm. Einer der größten Unterschiede zu den heutigen CDs und DVDs ist, dass sich die Aufzeichnungsschicht nunmehr außen befindet. Die Speicherkapazität beträgt pro Seite ungefähr 25 GB, wobei jedoch beide Seiten beschrieben werden können. Damit die außenliegende Aufzeichnungsschicht nicht beschädigt wird, befindet sich die Blue-ray-disc in einem nicht entfernbaren Gehäuse. Über die Lebensdauer der Blue-ray-disc sind noch keine Daten vorhanden.[71]

Bei einer weiteren Zukunftstechnologie, der Nahfeldaufzeichnung (near-field recording, abgekürzt: NFR) liegt der Fokus der Forschungsarbeit auf der Optik des Lasers. Der Laser soll durch eine Standardobjektivlinse und dann durch eine spezielle Immersionslinse aus einer Entfernung von weniger als 100 nm auf das Medium fokussiert werden. Der auftreff-

---

[71] Vgl. National Media Laboratory, http://www.imation.com/assets/en_US_Assets/PDF/AP_NMLdoc_DST-Assessment.pdf, Zugriff am 12. 04. 2004, **übereinstimmend** vgl. Hansen/Neumann (2001), S. 835 und vgl. Borg/Van Woudenberg (1999), S. 519 und 524.

ende Laserstrahl besitzt dann einen viel kleineren Durchmesser, wodurch mehr Daten auf gleicher Oberfläche geschrieben bzw. gelesen werden können. Sony und Sharp forschen hier sehr intensiv und es gibt auch bereits eine konkrete Produktvorstellung. Diese Disc soll 2006/2007 auf den Markt kommen und pro Seite der 12 cm Scheibe bis zu 50 GB Kapazität haben. Auch hier gibt es noch keine Lebensdauerangaben bzw. -erwartungen.[72]

Beide Technologien dürften sich jedoch sehr gut für eine langfristige Datenarchivierung eignen, da sie die Vorteile der optischen Medien (hohe Datentransferraten, schnelle Zugriffszeiten) besitzen und darüber hinaus auch im Bereich der Speicherkapazität an die Magnetspeicher, die heute den optischen Datenträgern noch weit überlegen sind, herankommen.

3.4.2 Holographische Speicher

Ein anderes Forschungsgebiet im Bereich der optischen Speichermedien befasst sich mit holographischen Speichern. Das Kennzeichen eines Hologramms ist das Vortäuschen eines dreidimensionalen Eindruckes mit Tiefenwirkung.[73] Dabei erfolgt die Aufzeichnung der Daten nicht zweidimensional, sondern volumetrisch oder dreidimensional. Es sollen viele Speicherschichten eines lichtempfindlichen Materials übereinander positioniert werden, um die Speicherdichte zu erhöhen.[74]

Das Holgramm wird durch eine Teilung eines Laserlichtbündels in zwei Lichtstrahlen und die Speicherung auf den verschiedenen Materialschichten hergestellt. Das riesige Kapazitätspotential wird jedoch erst durch das Speichern mehrerer Hologramme in demselben Materialvolumen durch Variation des Lichtstrahles (beispielsweise durch Änderung des Eintrittswinkels oder der Wellenlänge) erschlossen. InPhase und Imation sind auf diesem Gebiet führend und rechnen in der ersten Generation von holographischen Datenträgern mit einer Speicherkapazität von 125 GB auf einer 5,25 Zoll Platte, wobei spätere Generationen (die ebenfalls bereits in Planung sind) bis zu einem Terabyte (entspricht 1024 GB) auf einem einzelnen Medium speichern können sollen. Bis es jedoch Hologrammspeicherlaufwerke für den PC-Benutzer geben wird, werden noch einige Jahre vergehen.[75]

---

[72] Vgl. Hansen/Neumann (2001), S. 835, **übereinstimmend** vgl. Borg/Van Woudenberg (1999), S. 524.
[73] Vgl. Lieker/Stracke/Wendorff (1999), S. 30.
[74] Vgl. Hansen/Neumann (2001), S. 835.
[75] Vgl. ebenda, S. 835 f.

In Bezug auf eine Eignung der holographischen Speicher für eine Langzeitarchivierung von Daten kann noch keine definitive Aussage getroffen werden, da sich die Produkte noch im Entwicklungsstadium befinden. Die vorliegenden Informationen lassen jedoch auf eine sehr gute Eignung hoffen, zumal die Kapazitäten enorm hoch sein werden.

3.4.3 Millipede

Dieses zukünftige Speichermedium, dass am IBM Forschungslabor in Kalifornien entwickelt wir, baut auf dem Prinzip der Rastertunnel-Mikroskopie auf. Hierbei werden mit einem unendlich feinen Instrument Atome verschoben. Es ist eine rein mechanische Technologie und in etwa mit einer Vinylplatte vergleichbar, deren Oberfläche von einer feinen Nadel abgetastet wird. In einem Speicherchip werden tausende solcher Einheiten zusammengefasst. Die Lebensdauer dieser Chips ist noch unklar und deren Kapazität dürfte extrem hoch sein (genaue Angaben sind jedoch noch nicht bekannt.[76]

3.4.4 Internet

Eine interessante Alternative als Langzeitspeicher ist das Internet. Auf den ersten Blick erscheinen die Schnelllebigkeit der Inhalte des Internet und langfristige Datenspeicherung unvereinbar. Das Internet hat jedoch das Potential als langfristiger und äußerst sicherer Speicherort. Das Schlagwort heißt in diesem Zusammenhang Redundanz. Ein Konzept namens „Distributed Archival Network", das von Basler Speicher-Spezialisten entwickelt wurde, will sich genau diese Redundanz der Daten zunutze machen.[77]

Die Grundidee ist, dass sich mehrere Institute zusammenschließen und ein Archivnetzwerk aufbauen, das durch geografische Verteilung und automatische Replikation Redundanz schafft, durch welche alle Daten in allen Knoten vorhanden sind. Datensicherheit ist in diesem Fall dadurch gegeben, dass bei Datenverlust an einem Ort die Daten auch an anderen Orten noch gespeichert sind.[78]

Ob sich das Internet als langfristiger Datenspeicher durchsetzen kann, kann zum jetzigen Zeitpunkt noch nicht beantwortet werden. Der Basler Vorschlag wird aber sicher noch für einige interessante Diskussionen sorgen.

---

[76] Vgl. Landwehr (2001), S. 22 f.
[77] Vgl. ebenda, S. 23.
[78] Vgl. ebenda.

4 Die Problematik des Daten-Retrievals

Das Kapitel 3 beschäftigte sich mit verschiedenen derzeit aktuellen Datenträgern, ihrer Lebenserwartung und Eignung als langfristiger Datenspeicher und wagte auch einen Blick in die Zukunft. Die Haltbarkeit der Datenträger ist jedoch nicht der einzige Problemkreis. Die in ferner Zukunft nicht mehr vorhandenen Geräte zum Auslesen der Daten sind ein weiteres großes Problem. Eine Beschreibung dieses Dilemmas sowie Lösungsansätze dazu will dieses Kapitel vermitteln.

4.1 Problembeschreibung

Angenommen, es wurden vor 20 Jahren wichtige Daten eines Unternehmens auf Lochkarten gespeichert und diese Daten werden heute wieder benötigt. Das Problem ist, dass es heutzutage schwierig bzw. fast unmöglich ist, Lochkartenlesegeräte zu bekommen. Sollte doch eines erhältlich sein, wird es sich nicht an heutige PCs anschließen lassen (andere Steckverbindung) und es werden keine passenden Gerätetreiber zur Verfügung stehen. Wurden also die Daten, die ursprünglich auf die Lochkarten gespeichert wurden, nicht rechtzeitig auf ein neueres Speichermedium umkopiert, sind die Daten höchstwahrscheinlich für immer verloren, obwohl das Speichermedium noch intakt wäre.[79]

Dieses Beispiel beschreibt sehr gut das Dilemma der Datenrückgewinnung. Eine Lebensdauer des Speichermediums von beispielsweise 100 Jahren ist die eine Seite, ob dann jedoch noch die geeigneten Lesegeräte zur Verfügung stehen, ist mehr als fraglich. Hinzu kommt, dass ohne die geeignete Software zum Lesen der Daten selbst ein intaktes Medium und ein intaktes Lesegerät nutzlos wären.

Vor nicht einmal 15 Jahren waren 5,25-Zoll Disketten Standard. Dann beherrschte die 3,5-Zoll Diskette den Markt (siehe Kapitel 3.1.1). Nur, wie viele PCs mit einem 5,25-Zoll Diskettenlaufwerk gibt es heute noch und wie lange wird es dauern, bis die 3,5-Zoll Diskette das

---

[79] Vgl. Hendley (1998), S. 6.

gleiche Schicksal ereilt? Auch bei der Hardware werden die Produktlebenszyklen immer kürzer und somit die Problematik der Datenrückgewinnung nicht kleiner.[80]

Das folgende Kapitel gibt einen kurzen Überblick über Ansätze zum Ausweg aus diesem Dilemma.

4.2 Lösungsansätze

„Das kritische Maß für die Lebensdauer von Daten ist das Rücklesen"[81], sagt George Purrio, technischer Leiter Speicherung beim Speichermedienhersteller Imation. Welche Schritte können also gesetzt werden, um auch in naher oder ferner Zukunft noch Zugang zu den heute gespeicherten Daten zu haben? Die folgenden Strategien zeigen Möglichkeiten, um die Daten langfristig zu erhalten („Keep the bits alive!"[82]).

4.2.1 Konvertierung in analoge Form

Eine Möglichkeit, um digitale Dokumente zu konservieren, ist, sie auf Papier auszudrucken oder auf Mikrofilm zu bannen und diese Ausdrucke oder Filme zu bewahren. Dieser Ansatz bringt jedoch auch viele Nachteile mit sich, da die meisten digitalen Dokumente gar nicht sinnvoll ausgedruckt bzw. gefilmt werden können (z.B. Hypermedia, Datenbanken) und somit diese Daten nicht mehr in ihrer ursprünglichen Form vorhanden wären. Die spezifisch digitalen Vorteile wie Interaktivität, gleichzeitiger Zugriff von mehreren Usern, Suchfunktionen, usw. gehen damit ebenfalls verloren.[83]

Die Konvertierung in analoge Form ist demnach keine zufrieden stellende Lösung der Problematik.

4.2.2 Emulation

Ein anderer Ansatz ist die Emulation. Hierbei sollen durch eine spezielle Software in der Zukunft die heutige Hard- und Softwareumgebung auf der zukünftigen Hardware emuliert

---

[80] Vgl. ARMA International, http://www.arma.org/membership/isg/ProductTechnical/PreservationStrategies-forElectronicDocuments.pdf, Zugriff am 23. 04. 2004 und Vgl. Beagrie/Greenstein (1998), S. 4.
[81] Fröhlich/Wagner, http://www.speicherguide.de/magazin/special0603.asp, Zugriff am 10. 03. 2004.
[82] Rothenberg, http://www.amibusiness.com/dps/rothenberg-arma.pdf, Zugriff am 23. 04. 2004.
[83] Vgl. ARMA International, http://www.arma.org/membership/isg/ProductTechnical/PreservationStrategies-forElectronicDocuments.pdf, Zugriff am 23. 04. 2004 und vgl. Rothenberg (1999), S. 9 f.

d.h. nachgestellt werden, um die Originaldokumente öffnen zu können.

Bei der Rückgewinnung eines Dokumentes wäre wie folgt vorzugehen:

- Verwendung der Spezifikation der Hardware, um gemeinsam mit dem Emulator eine Software-Implementierung der Originalhardware herzustellen, die sich funktional identisch verhält,

- Installation der Systemsoftware und Präsentationsprogramme auf dem emulierten Computer und schließlich

- Laden des Dokumentes.

Es empfehlen sich eine zusätzliche Speicherung einer Beschreibung zur Handhabung des Computertyps und des Präsentationsprogrammes.[84]

Die Vorteile der Emulation sind:

- Der Aufwand je Dokument ist gering.

- Es wird nur ein Emulator für viele Dokumente gebraucht.

- Hohe Authentizität des Dokumentes.

- Der laufende Aufwand ist proportional zur Verwendungshäufigkeit.[85]

Wenn der Ansatz der Emulation auch sehr viel versprechend klingt, derzeit ist er erst in der Erprobungsphase. Er wird wohl aufgrund seiner Komplexität eher kein Ansatz für die breite Masse werden, da einfach zu viele genaue Informationen und Einstellungen zur Hard- und Software benötigt würden.

4.2.3 Migration

Unter Migration wird einfach das Umkopieren der Daten von einem alten auf einen neuen, aktuellen Datenträger, oder im erweiterten Sinn von einer Hardware/Software Konfiguration auf eine andere oder von einer Generation von Computern auf eine andere, verstanden. Diese Technik wird seit Jahrzehnten angewandt, um Zugriff auf Daten aus der Vergangenheit zu haben.[86]

---

[84] Vgl. Borghoff/Rödig/Scheffczyk/Schmitz (2003), S. 18 ff.
[85] Vgl. ebenda.
[86] Vgl. Hendley (1998), S. 12 **übereinstimmend** Borghoff/Rödig/Scheffczyk/Schmitz (2003), S. 15.

Die Vorteile der Migration sind:

- Sie wird schon jahrelang verwendet und es kann auf Erfahrungen, Methoden, Personal und Werkzeuge zurückgegriffen werden,
- Migrierte Dokumente sind jederzeit verfügbar; d.h. sie sind stets aktuell,
- Durch die Migration kommt es eventuell zu einer Qualitätsverbesserung der Dokumente.[87]

Es gibt aber durchaus auch Nachteile dieses Ansatzes:

Migration ist arbeitsintensiv, zeitaufwändig, teuer, schwer automatisierbar und es kann zu Verfälschungen des Originals kommen (die Authentizität ist nicht gewährleistet).[88]

Zusammenfassend kann gesagt werden, dass Migration als Strategie besser als keine Strategie ist. Es gibt jedoch zu viele Fragen, die nicht beantwortet werden können, um die Migration als Allheilmittel zu sehen. So ist es nicht sicher, wie oft die Daten umkopiert werden müssen, wie aufwändig dies ist, wie viel das kostet, wie viele Daten verloren gehen, wie erfolgreich die Migration in jedem einzelnen Fall ist, usw. Auf lange Frist gesehen erscheint eine dauernde Migration der Daten fast zu unsicher, um sie als einzige Strategie verwenden zu können.[89]

4.2.4 Computer-Museen

Ein weiterer Ansatz, um der Problematik des Daten-Retrieval zu begegnen, ist die Einrichtung sogenannter Computer-Museen. Hier sollen möglichst lückenlos sämtliche bekannten Computer gesammelt, gewartet und betriebsbereit gehalten werden. Es müssten natürlich auch sämtliche relevanten Betriebssysteme und Präsentationsprogramme konserviert werden, um dann in Zukunft elektronische Dokumente in ihrer ursprünglichen Umgebung geöffnet, gelesen und bearbeitet werden können.[90]

Bei diesem Ansatz ist die Authentizität am größten, jedoch treten auch einige Probleme auf. So erscheint es höchst unrealistisch, sämtliche Hardware und Software aufbewahren

---

[87] Vgl. Borghoff/Rödig/Scheffczyk/Schmitz (2003), S. 15 f.
[88] Vgl. Borghoff/Rödig/Scheffczyk/Schmitz (2003), S. 15 f. **übereinstimmend** vgl. Rothenberg (1999), S. 13 ff.
[89] Vgl. Rothenberg (1999), S. 13 ff.
[90] Vgl. Borghoff/Rödig/Scheffczyk/Schmitz (2003), S. 16 f. **übereinstimmend** vgl. ARMA International, http://www.arma.org/membership/isg/ProductTechnical/PreservationStrategiesforElectronicDocuments-.pdf, Zugriff am 23. 04. 2004 und vgl. Rothenberg (1999), S. 12 f.

zu können, das Problem der geringen Lebensdauer vieler vor allem alter Speichermedien ist ebenfalls gegeben und darüber hinaus haben auch technische Bauteile eine begrenzte Lebensdauer.[91]

Die Einrichtung von Computer-Museen scheint demnach als eine nicht sehr zielführende und verlässliche Option bei der Problematik der Langzeitspeicherung und des Daten-Retrievals.

4.2.5 Standards

Ebenfalls ein interessanter Ansatz ist die Idee, möglichst alle elektronischen Dokumente in möglichst wenigen verschiedenen Dateiformaten abzuspeichern und bereits gespeicherte Daten in diese Standardformate zu konvertieren. Gibt es nur wenige Standardformate, ist eher sichergestellt, dass auch die Software der Zukunft die heute abgespeicherten Daten importieren kann.[92]

Das Hauptaugenmerk sollte dabei auf bereits gut etablierte Formate wie TIFF, JPEG, ASCII oder Softwareabhängige Formate wie PDF oder die der Office-Familie gelegt werden. Auch die Konvertierung in formale Beschreibungen der Dateien (z.B. XML) ist eine Option.[93]

Das Problem, das bei diesem Ansatz unbeachtet bleibt, ist, dass in Zukunft höchstwahrscheinlich unsere heutigen Datenträger aufgrund fehlender Lesegeräte nicht mehr gelesen werden können. Allerdings würde die Konzentration auf einige wenige Standardformate beispielsweise die Emulation um vieles einfacher machen.

Zusammenfassend kann gesagt werden, dass noch kein Ansatz entwickelt wurde, der das Problem des Daten-Retrieval einfach und mit geringem Aufwand zur Gänze lösen kann. Die beschriebenen Strategien sind zum Teil interessante Theorien, die miteinander kombiniert unter Umständen zum Ziel führen könnten.

---

[91] Vgl. ebenda.
[92] Vgl. Hendley (1998), S. 15 **übereinstimmend** ARMA International, http://www.arma.org/membership/-isg/ProductTechnical/PreservationStrategiesforElectronicDocuments.pdf, Zugriff am 23. 04. 2004.
[93] Vgl. ebenda.

5 Resümee

Nahezu jeder hat heute, sei es beruflich oder privat, mit Computern und somit mit Daten zu tun. Auch mit der Speicherung ihrer Daten ist der Großteil der User vertraut. Den ersten Aufschrei wegen verlorener Dateien gibt es meist nach einem Systemabsturz oder einem Festplattenfehler. Dann ist erst offensichtlich, wie unsicher und instabil Daten eigentlich gesichert sind bzw. leider oft nur mehr waren.

Gedanken über eine langfristige stabile Sicherung von sensiblen Datenbeständen haben sich die meisten Benutzer überhaupt noch nicht gemacht. Die Welt der Informationstechnologie ist anscheinend viel zu schnelllebig, als dass solch langfristige Themen Eingang in die öffentliche Diskussion finden würden. Dabei ist das Problem der nicht vorhandenen Strategien und Lösungen für die Aufgaben der langfristigen Datenkonservierung ein sehr großes. Leider beschäftigen sich auch nur wenige Unternehmen und Institutionen mit diesem Themenkreis, so dass es heute kaum ausgereifte Methoden oder Resultate vorzuweisen gibt.

In der vorliegenden Arbeit wurde versucht, den derzeit aktuellen Stand der Forschung auf dem Gebiet der Hardware – hier im Speziellen der Datenträger bzw. Speichermedien – darzustellen und mit dem Kapitel 3.4 einen Ausblick in die Zukunft der Speichermedien bzw. – lösungen zu geben. Ergebnis ist, dass die Lebensdauer der einzelnen Datenträger nur in großen Zeitfenstern geschätzt werden kann. Es kann mit großer Wahrscheinlichkeit angenommen werden, dass die Speichermedien und die Daten darauf länger existieren dürften, als die Lesegeräte und die entsprechende Software zum Daten-Retrieval.

Das heißt, das eigentliche Problem ist die Rückgewinnung der Daten. Diese Problemstellung versucht Kapitel 4 aufzuarbeiten. Auch hier sind bisher keine zufrieden stellenden Ergebnisse der Forschung zu verzeichnen. Es gibt einige Ansätze, die jedoch zur Zeit noch nicht ausgereift sind und noch viele undefinierte Variablen enthalten. Allerdings steigen die Forschungsaktivitäten in diesem Bereich stetig, da immer mehr erkannt wird, wie wichtig diese Themen für die Informationsgesellschaft sind.

Quellenverzeichnis

Literaturquellen

- Beagrie, N., Greenstein, D., A Strategic Framework for Creating and Preservin Digital Resources, 1. Auflage, Library Information Technology Centre, London, 1998
- Borges, M., Schumacher, J., PC-Wissen, Die Welt der Hardware und Software, 1. Auflage, Wilhelm Heyne Verlag, München, 2001
- Borghoff, U. M., Rödig, P., Scheffczyk, J., Schmitz, L., Langzeitarchivierung, 1. Auflage, dpunkt.verlag, Heidelberg, 2003
- Byers, F. R., Care and Handling of CDs and DVDs – A Guide for Librarians and Archivists, 1. Auflage, National Institute of Standards and Technology and Council on Library and Information Resources, Washington DC, 2003
- Hansen, H. R., Neumann, G., Wirtschaftsinformatik I: Grundlagen der betrieblichen Informationsverarbeitung, 8., völlig neubearb. und erw. Auflage, Lucius & Lucius Verlagsgesellschaft mbH, Stuttgart, 2001
- Hendley, T., Comparison of Methods of Digital Preservation, 1. Auflage, Library Information Technology Centre, London, 1998
- Messmer, H.-P., Dembowski K., PC-Hardwarebuch, 7. Auflage, Addison-Wesley, München, 2003
- Mücke, V., Basiswissen Datenverarbeitung schnell trainiert, 1. Auflage, mvg-Verlag, München, 1991
- Pommerening, K., Datenschutz und Datensicherheit, 1. Auflage, BI-Wiss.-Verlag, Mannheim, 1991
- Probst, G. Raub, S., Romhardt, K., Wissen managen, 3. Auflage, Gabler, Wiesbaden, 1999
- Rothenberg, J., Avoiding Technological Quicksand: Finding a Viable Technical Foundation for Digital Preservation, Council on Library and Information Resources, Washington DC, 1999
- Scheder, G., Die CD-ROM. Technik – Herstellung – Anwendung, 1. Auflage, Addison-Wesley, Bonn, 1995

- Van Bogart, J., Magnetic Tape Storage and Handling. A Guide for Libraries and Archives, 1. Auflage, Commission on Preservation and Access & National Media Laboratory, Washington DC, 1995

- Barth, D., Von der Restaurierung zum Bestandserhaltungsmanagement. Aktuelle Marburger Tendenzen, in: Schriften der Universitätsbibliothek Marburg (Hrsg.), Bestandserhaltung, 1. Auflage, Universitätsbibliothek Marburg, Marburg (2000), S. 9-27
- Moore, C., Introduction to Optical Disc Technology, in: Oppenheim, Ch. (Hrsg.), Applications of optical media, 1. Auflage, Aslib, London (1993), S. 1-14
- Van Kasteren, J., Analogue versus Digital Storage of our History, in: DigiCULT (Hrsg.), Integrity and Authenticity of Digital Cultural Heritage Objects, 1. Auflage, Salzburg (2002), S. 9

- Adelberger, S., Bandspeicher-Technologien im Überblick, funkschau (2004), H. 2, S. 22-23
- Borg, H. J., Van Woudenberg, R., Trends in optical recording, Journal of Magnetism and Magnetic Materials (1999), H. 193, S. 519-525
- Dobratz, S., Tappenbeck I., Thesen zur Zukunft der digitalen Langzeitarchivierung in Deutschland, Bibliothek. Forschung und Praxis, Jg. 26 (2002), H. 3, S. 257-261
- Landwehr, D., Haltbarkeit von Speichermedien: Kein Backup für die Ewigkeit, Infoweek (2001), H. 14, S. 21-27
- Lieker, I., Stracke, A., Wendorff, J. H., Holographische optische Speicherung, Marburger Universitätsbund – Uni-Journal (1999), H. 1, S. 30-32
- Smith, B., Preserving Tomorrow's Memory: Preserving Digital Content for Future Generations, International Preservation News (2003), H. 29, S. 4-9

Internetquellen

- Alternate, http://www4.alternate,de/html/faq/stramer.html, Zugriff am 18. 03. 2004
- ARMA International, http://www.arma.org/membership/isg/ProductTechnical/PreservationStrategiesforElectronicDocuments.pdf, Zugriff am 23. 04. 2004
- Aschenbrenner, A., http://www.ifs.tuwien.ac.at/~aola/publications/thesis-ando/Longevity_archival.html, Zugriff am 26. 04. 2004

- dialog data, http://www.dialogdata.com/info/themen/technik/festplatten/, Zugriff am 27. 04. 2004

- Flade, M., http://www.tu-chemnitz.de/informatik/RA/kompendium/vortr_2000/rotier/-altzudiskette.html, Zugriff am 27. 04. 2004

- Fröhlich, K., http://www.speicherguide.de/magazin/special0603.asp?theID=57, Zugriff am 26.03.2004

- Fröhlich, K., Wagner, O., http://www.speicherguide.de/magazin/special0603.asp, Zugriff am 10. 03. 2004

- IT Enquirer, http://www.it-enquirer.com/storage/optimedia.html, Zugriff am 23. 04. 2004

- Manes, S., http://www.nytimes.com/library/cyber/compcol/040798archive.html, Zugriff am 23. 04. 2004

- National Library of Australia, http://www.nla.gov.au/niac/meetings/npo95rh.html, Zugriff am 08. 04. 2004

- National Media Laboratory, Data Storage Technology Assessment – 2002. Projections through 2010, http://www.imation.com/assets/en_US_Assets/PDF/AP_NMLdoc_-DSTAssessment.pdf, Zugriff am 12. 04. 2004

- Pioneer, http://www.pioneer.de/de/product_detail.jsp?product_id=7108&taxonomy-_id=364-394, Zugriff am 06. 05. 2004

- Rothenberg, J., http://www.amibusiness.com/dps/rothenberg-arma.pdf, Zugriff am 23. 04. 2004

- speicherguide.de, http://www.speicherguide.de/magazin/special0603.asp?theID=58, Zugriff am 26. 03. 2004

- speicherguide.de, http://www.speicherguide.de/magazin/special0703.asp?theID=60, Zugriff am 26. 03. 2004.

- Stinson, D., Ameli, F., Zaino, N., http://www.cd-info.com/CDIC/Technology/CD-R/Media/Ko-dak.html, Zugriff am 24. 04. 2004

- Wagner, O., http://www.speicherguide.de/magazin/special0703.asp?theID=55, Zugriff am 26. 03. 2004

- Wagner, O., http://www.speicherguide.de/magazin/special0703.asp?theID=87, Zugriff am 26. 03. 2004